Émile Zola

Son Évolution ~ Son Influence

N. B. — Cette étude a fait l'objet d'une conférence prononcée pour la première fois, à la soirée organisée, salle Ludo, par « La Ligue Française des Droits de l'Homme et du Citoyen, » le 10 novembre 1902, sous la présidence de M. Laurent Tailhade.

Maurice Le Blond

Emile Zola

Son Evolution – Son Influence

PRIX : **50** CENTIMES

ÉDITION DU MOUVEMENT SOCIALISTE
PARIS
10, rue Monsieur-le-Prince (VIᵉ)

1903

Pour glorifier un héros de la taille d'Emile
Zola, il faudrait pouvoir charrier des profu-
sions de fleurs vivantes, d'immenses moissons de lauriers et de roses, faire l'offrande à
sa statue d'une prose aussi riche, aussi abondante, d'une végétation aussi prodigieuse que
les jardins du Paradou. Et c'est pourquoi les
guirlandes que je pourrais tresser ici, auraient chance de paraître bien maigres et bien
glacées.

Mais, Messieurs, le culte de la gloire et la
piété humaine n'impliquent pas seulement
que des hommages et des offrandes, ils vous
imposent d'autres obligations et l'une de ces
obligations, c'est de ne point permettre qu'on
vienne défigurer le sens d'une œuvre, les
traits d'un homme, l'exemple de toute une vie
admirable, à l'aide de la calomnie et de fic-
tions perfides, c'est enfin de travailler cons-
tamment et sans cesse, à détruire, à dissiper
les légendes, les erreurs et les mensonges !

Or si jamais physionomie humaine fut dénaturée par ses contemporains, c'est bien celle de Zola. On a faussé le sens de ses travaux, on a attribué à tous ses actes des mobiles étrangers à son caractère. On a construit, d'après lui une effigie erronnée et monstrueuse, et sur laquelle une multitude de gens prétendent le juger. L'envie, la jalousie, l'ignorance, la haine et la stupidité semblent avoir passionnément travaillé à sculpter, à creuser de lui une figure qui ne fut jamais la sienne. On a voulu, pour le flétrir, l'attaquer jusque dans la mémoire de son père, on lui a dénié toute valeur d'écrivain et d'artiste, on l'a poursuivi jusque dans son intimité, on lui a fait un reproche de son orgueil qui n'était qu'une admirable confiance dans la grandeur de sa mission. On l'a accusé de pornographie et d'immoralité, lui qui fut le plus grand des moralistes modernes. Les romantiques le gratifièrent de ce dédain dont il était élégant — à cette époque — de flageller les réalistes. Puis les réalistes, à leur tour, lui firent un grief de son lyrisme et de la somptueuse magnificence de ses conceptions. Après quoi vinrent les décadents, les symbolistes, les dilettantes de la culture du moi, les chantres débiles d'un art phtisique, tous les virtuoses de l'impuissance, qui ne lui pardonnaient point la santé de ses ouvrages ni la fécondité de son esprit. M. Brunetière lui reprocha de manquer de psychologie, lorsque précisément il renouvela l'étude de l'Homme, en enrichissant celle-ci de toutes les vastes acquisitions de la physiologie.

M. Paul Adam — lequel, depuis, s'est heureusement ressaisi — eut l'ironie de prétendre que Zola manquait d'émotion, de pensée. Quant à M. Gaston Deschamps, qui est — tout le monde le sait — un créateur éminemment original, il émettait un jour cette opinion que Zola ne fut qu'un copiste et qu'un plagiaire.

On fut si juste envers cet homme, que « le plus grand des journaux du matin » j'ai nommé *le Gaulois*, ayant consacré un supplément aux grands romanciers du siècle, y faisait figurer les noms glorieux de Richebourg, d'Ernest Daudet, de Dubut de la Forêt, mais omettait totalement d'y mentionner celui d'Emile Zola.

Et puis — plus tard enfin, ce fut l'ignoble débordement de la presse immonde, ce torrent d'excréments et d'outrages — dont rien, pas même la mort, ne devait tarir le flot fétide et empoisonné.

Mais la critique de demain ne s'arrêtera pas à toutes ces sottises criminelles. Elle saura laver de ces souillures éphémères la statue authentique et immortelle du Héros. Elle accomplira sans défaillance sa besogne d'équité scientifique. Elle ne fera point de différence entre le poète qui a écrit *Germinal*, *l'Assommoir*, *La Terre*, et l'apôtre de la Vérité, le défenseur de la

Justice ! Car tous deux se complètent et sont inséparables !

Car, depuis l'ardent et passionné jeune homme qui écrit *Mes Haines*, jusqu'au porteur de torche qui publie *J'accuse*, partout — à chaque instant de sa vie comme à chaque page de son œuvre — on perçoit la même volonté consciente, on suit le développement d'une même pensée, qui s'enrichit d'années en années, qui s'élargit de décade en décade.

*
* *

Nous sommes en 1865, et déjà Zola est en pleine bataille. A cette époque le Romantisme agonisait. L'effort de 1830 avait surtout abouti à un reverdissement de la langue. Mais cette formule était devenue pareille à un arbre stérile dont la sève épuisée ne pouvait plus donner naissance à de nouveaux fruits. Peu à peu les romantiques aboutissaient à un poncif, aussi factice et aussi conventionnel que celui contre lequel ils avaient lutté plus de trente ans auparavant. Le goût des poètes pour les personnages fantastiques, leur prédilection pour les draperies, les phrases à panache, la rhétorique à grand orchestre, les avaient insensiblement éloignés de la Nature. On eût été porté à croire qu'ils vivaient et respiraient vraiment dans un fastueux dictionnaire, qu'ils s'alimentaient de termes magnifiques et rares, uniquement séduits et grisés par l'éclatante sonorité des riches vocabulaires. Aucun vestige de la vie vraie ne subsistait dans ces architectures lyriques et chatoyantes, dans ces édifices de versification babélique, qui paraissaient avoir été construits pour une autre planète que la nôtre, en dehors des grandes lois qui régissent notre Univers. Pour tout dire, enfin, les poétiques titans de 1830, si admirables pour leur abondance vitale et qui semblaient de taille à jongler avec les Ossa et les Pélion, avaient déterminé toute une progéniture de nains difformes, et ces gnômes du Romantisme avaient perdu tous traits humains. Quant à la littérature romanesque, elle était représentée par une école de romanciers, personnifiée par Octave Feuillet, et dont le faux idéalisme correspondait parfaitement aux hypocrites pudeurs de cette société impériale, affolée par les flou-flous d'Offenbach et les romances de Gounod, qui était en train de courir, dans le vertige des cotillons, dans l'étourdissement des contre-danses et des réjouissances mondaines, à la culbute fatale et tragique, à la banqueroute, à la débâcle. Partout, la bourgeoisie étalait l'impudent triomphe d'une classe gorgée de bien-être, satisfaite de sa médiocrité, et qui somnolait sourde à toutes idées généreuses ou supérieures, plongée dans le ronronnement stupide et béat de son égoïsme.

C'est au milieu de cette époque pourrie que, tout à coup, une voix se fait entendre, une voix bourrue et sévère, rude et franche, une voix que soulève et qu'enflamme le feu sacré de la jeunesse. Quel était cet obscur journaliste qui se permettait de s'attaquer ainsi, sans concessions et sans réticence aux dieux du jour ?

On le disait le chef d'une petite bande terrible et tapageuse de rapins révolutionnaires, des fous furieux qui peignaient la réalité avec des tons d'une crudité féroce, et chez qui les audaces de coloriste bouleversaient l'optique habituelle. Cette bande, c'étaient les impressionnistes, les Manet, les Cézanne, les Claude Monet, les Pissaro, dont l'œuvre allait régénérer la peinture moderne, et qui avaient trouvé en la personne d'Emile Zola, leur théoricien et leur porte parole.

Dès cette première bataille, qui eut pour prétexte la poussée des peintres impressionnistes, on peut déjà retrouver les principes et les germes de cette grande théorie d'art que fut le Naturalisme. Zola n'en possède peut-être pas encore la conscience nette, mais il en a l'obscur instinct. Il faut l'entendre dans *Mes Haines*, reprocher à Hugo de « parler de la banlieue de Paris, comme Dante a parlé du ciel et de l'enfer. » Il faut l'entendre s'insurger contre les excès du Romantisme qui n'est qu'une poëtisation de la démence, du meurtre, du suicide, de tous les paroxysmes et de tous les déséquilibres. C'est en vain qu'il recherche l'homme dans les livres. Il n'y voit que des marionnettes sentimentales, des anges d'une candeur irréelle et impossible, des pantins métaphysiques ou des monstres encore que de grands poètes ont empli

comme des amphores de chair, du trop plein
de leurs rêves ou de leurs fièvres. Amaury,
Albert, pour ne parler que de Volupté et de
Mademoiselle de Maupin sont des êtres d'ex-
ception, des créatures désorbitées, situées en
dehors de toute Société et de toute classi-
fication humaine. Rien de ce qui est art ou
littérature ne semble devoir contenter Zola.
Jamais, il n'y distingue la créature frisson-
nante de vie, dont les impulsions et les actes
sont dictés par des lois générales, l'orga-
nisme pensant, l'agrégat palpitant, attaché
aux fibres de la terre, qui se meut et se baigne
dans le complexe et l'infini tissu que com-
posent autour de lui l'élément végétal, la
masse des eaux, la vivifiante atmosphère et
les astres ardents.

Dès ce moment, Zola se pose en ennemi de
la fantaisie imaginative et s'attaque au vieux
dogme mystique de l'inspiration. « Soyons
des miroirs grossissants de la vie externe »
avait déjà prononcé Flaubert. Zola partage
cette opinion. Pour lui, les seuls combustibles
nécessaires à la machine créatrice ne peuvent
être que les sensations dont l'univers nourrit
l'artiste. Aux règles géométriques et rationnelles de la culture classique, au principe de
la liberté sans frein promulgué par Victor
Hugo, il oppose le précepte de la vérité dans
l'art et de la soumission à la nature.

Mais comment nous mettre en rapport avec
l'univers. Devons-nous être uniquement des
êtres qui vibrent et qui frissonnent à tous les

contacts extérieurs ? Et c'est ici qu'il fait intervenir dans l'art les principes de l'observation scientifique et de la méthode expérimentale.

Mais les grandes lois de la science moderne paraissaient encore méconnues de l'immense majorité des hommes. Les grandes lois qui régissent les mouvements de la matière vivante et le développement des sociétés, demeuraient indifférentes à la majorité des artistes et des lettrés. Seuls quelques initiés avaient pu en pénétrer les arcanes, quelques spécialistes habitués aux rites mystérieux des laboratoires et des cliniques.

Eh bien, ces vérités jusqu'alors ésotériques, Zola va les traîner au grand jour, les faire rayonner à la lumière. Il va les transformer en préceptes de vie. Aujourd'hui, il saura en extraire une esthétique. Et demain, il en tirera une morale, une religion, une foi humaine.

Ainsi donc, quand le jeune Zola, se cherche des précurseurs et des ancêtres intellectuels, il ne va point les choisir parmi les poètes. Les hommes qu'il opposait victorieusement aux demi-dieux du Romantisme, c'étaient des savants et des philosophes positivistes, les Auguste Comte, les Claude Bernard, les Darwin!

Et, quand il expose avec une inflexible rigueur les principes du positivisme et de la science, quand on le voit opposer au superbe

verbiage des romantiques, les simples et
sévères formules établies par la science expérimentale, on comprend que les premières
polémiques de Zola aient causé une telle stu-
péfaction. La discussion littéraire qui jusqu'alors était surtout un exercice élégant et
aristocratique, n'avait point encore été trou-
blée par de pareils accents. La critique qui
procédait par épigrammes et par ironies, dont
les armes favorites étaient le coup d'épingle
et la piqûre de guêpe, s'épouvantait vraiment
à l'aspect de ce débutant, surgissant soudain
dans la cohue des lettres, et qui, armé de la
massue d'Hercule, faisait ainsi table rase de
toutes les superstitions littéraires.

Que nous voilà loin déjà du scandale provo-
qué par le procès de Madame Bovary ou de l'in-
dignation causée par la parution de Germinie
Lacerteux. Nous sommes, en effet, en 1868,
lorsque Zola entreprend cette énorme série
des *Rougon-Macquart*, cette histoire natu-
relle et sociale d'une famille qui devait s'élar-
gir jusqu'à contenir dans son cadre immense,
l'immense tableau de toutes les activités terrestres. Cette œuvre unique en son genre
qui comprend vingt volumes et qui compte
près de douze mille pages, où s'agitent plus
de douze cents personnages, s'irradiant dans
la confuse collectivité des plèbes et des mul-
titudes les plus diverses ! Cette œuvre-là est
plus que le roman d'une époque, elle demeure
l'épopée même de l'espèce humaine, consi-
dérée dans une époque de transition, persé-

vérant, se transformant dans le cercle défini d'un milieu social, subissant la modification profonde des bouleversements sociologiques, intellectuels et vitaux que provoqua le XIXe siècle.

Un poète y a décrit l'humanité éternelle, soumettant ses appétits, ses actes, ses mouvements, aux forces supérieures et permanentes de la biologie aussi bien qu'aux éphémères nécessités des accidents historiques. —

Je n'ai point le projet d'analyser ici cette œuvre colossale, d'en déterminer l'esthétique, d'en traduire la vaste philosophie panthéiste. Nous y assistons à des noces bibliques de races, à d'immenses symphonies cosmiques, à d'héroïques apothéoses du travail, à la glorification sans pareille de la matière magnifique. Zola y chante la fécondité des êtres et des choses, la végétation splendide et vivace de la chair humaine, la puberté des fruits et l'ascension des sèves. Puis c'est l'étendue des moissons se gonflant comme un ventre magnifique sous la pluie fertilisante du soleil. Il dit la pudeur peureuse des vierges, et leurs abandons délicieux, les brûlantes convoitises du mâle. Il réhabilite les actes physiques. Il montre les maladies de l'espèce, comme la tuberculose, le catholicisme et la siphylis, désagrégeant le bloc humain ; l'hérédité sculptant les hommes de ses mains invisibles ; les accouplements et les travaux s'accomplissant ainsi qu'un rite énorme et religieux. Il restitue aux tâches terrestres leur prestige esthétique. La formidable activité contemporaine, les bourdonnantes industries, les obscures mines souterraines, les ruches ouvrières, le cauchemar terrifiant des contrées usinières, l'extraordinaire tohu-bohu des halles et des gares, trouvent en Zola un génie assez puissant, un artiste incomparable pour en comprendre l'immense grandeur et la farouche beauté.

Et puis, ce sont des spectacles de foules agissantes, des visions panoramiques, de larges et infinies régions où la terre déroule ses innombrables aspects, ce sont des sanglots de pitié, des cantiques d'amour, des cris tumultueux de rut et de révolte qui montent dans nos mémoires ! On voudrait avoir la puissance de caractériser d'un mot cet homme univers et l'on ne parvient qu'à balbutier ! Un océan de formes nous envahit et nous submerge. Tout un monde s'écroule et toute une humanité s'élabore, et c'est une gigantesque convulsion qui tient à la fois de l'agonie et de l'enfantement !

Vous faites fumer vos parfums, brasiers de roses du Paradou, vous nous poursuivez de vos clameurs, blessés sanglants de Sedan, qui expiez sur le sinistre champ de bataille les hontes et les folies d'un régime ! Vous étalez les grandioses horreurs de nos plaies sociales et de nos tares humaines, éloquentes et tragiques prosopopées de *la Curée*, de *l'Assommoir*, de *Germinal*, de *La Dé-bâcle* !

Et vous mêlez à votre monotone et profonde lamentation, les accents et les transports d'un hymne à la vie si éperdu, qu'il faudrait remonter aux antiques védas, afin de retrouver un pareil panthéisme.

Résumer d'un trait les Rougon Macquart ! Je ne puis que répéter cette phrase que j'emprunte à Zola lui-même : « Il a mangé son siècle, pour le récréer, et en faire de la vie. »

*
* *

Au cours de la série des *Rougon Macquart* Zola avait toujours observé ce précepte artistique, établi par Flaubert, l'impersonnalité du romancier. C'est à dire que le roman n'étant pas une thèse, mais une exposition harmonieuse de la vie, l'auteur n'y doit jamais apparaître, interrompre l'action logique des événements pour donner son opinion et se mettre en posture de discourir. Cela n'empêchait pas d'ailleurs son œuvre d'être un terrible et vigoureux plaidoyer social, les faits eux-mêmes ayant leur éloquence flétrissante et justicière. ..

Avec sa deuxième série, *Les Trois Villes*, Zola change tout à coup de manière. Il se met directement en scène sous les traits de *l'Abbé Froment*. Ce qu'il se propose d'étudier, c'est la faillite de la foi, puis l'ensemble des philosophies rationnelles qui sont en train de supplanter les croyances maudites.

Lourdes, Rome, Paris, nous apparaissent pour ainsi dire comme des livres de critique en action, auxquels les décors des trois cités symboliques viendraient mêler leurs différentes rumeurs, fournir de larges *leit-motive*, qui se confondent parfois avec le déroulement des idées, qui rehaussent d'un dramatique intérêt ce solennel examen de conscience, cette grandiose profession de foi d'une civilisation tout entière.

Et, cependant, il est certain que, après *Paris*, on perçoit chez Zola comme de la lassitude. La guerre des classes et l'écroulement de tant de systèmes philosophiques, la médiocrité, la veulerie du régime actuel, le spectacle permanent de la luxure sans joie et de la haine égoïste, tout cela le précipitait dans le pessimisme et avivait son amertume. Il y avait, derrière lui, trente années de travail, trente années de luttes d'art, qui étaient peut-être stériles, puisqu'elles n'avaient pas réussi à ébranler l'incompréhension des hommes. Et c'était encore la monotonie du labeur accompli, la tâche quotidienne, perpétuellement identique, sans autre joie que celle de créer.

Riche, illustre, glorieux, Zola était pourtant le plus méconnu des hommes, et entre tous le plus solitaire.

C'est dans cet état d'esprit que vinrent le surprendre les préliminaires de l'Affaire Dreyfus. Dès les premières minutes le grand écrivain n'hésite pas ! Dès les premières minutes il a su distinguer les sombres intrigues du drame, et avec sa puissance visionnaire toute l'étendue sociale de cette tragédie. La cause du capitaine innocent se confond avec la cause même de l'humanité. Zola se précipite dans la mêlée, risquant son repos et son existence, toute sa gloire littéraire, tout son passé de travail illustre !

Le jour ou parut le terrible et magnifique *J'accuse*, toute la planète fut ébranlée. La catastrophe du Mont Pelé, la destruction de Saint-Pierre, la mort foudroyante et instantanée de plus de trente mille victimes ne produisirent pas sur toute la surface de l'opinion mondiale, une émotion aussi violente et un tremblement plus profond.

Et, en effet, Messieurs, n'est-il pas préférable que périsse la terre entière, qu'éclate et que s'écroule l'écorce du monde, qu'un monstrueux raz de marée se cabre tout à coup pour submerger les continents, et parvienne à noyer dans son flot le dernier vestige de l'existence humaine, plutôt que de voir l'humanité se traîner dans la misère lamentable, piétiner à tout jamais dans les ténèbres du mensonge, de l'erreur, de l'injustice. Périsse plutôt l'humanité, si elle doit toujours rester dans la servitude, si elle doit renoncer aux vérités péniblement et longuement conquises par la souffrance de ses génies et dans le sang de ses martyrs ! Oui, périssent plutôt les sociétés si nous les savons destinées à gémir éternellement dans la douleur, sous l'hypocrite tyrannie des puissances mauvaises !

Mais Zola aussi, vécut à cette heure-là la minute la plus sublime. Désormais, les pires persécutions, la plus violente campagne de presse qui fut jamais, les condamnations, l'exil, ne pouvaient plus que le grandir, que le fortifier dans sa foi, que l'exalter davantage dans une renaissance de tout son être.

La fameuse sortie du Palais de Justice, le 7 février 1898, où Zola manqua d'être massacré par la foule en fureur, sera célébrée, j'en suis sûr par quelque Michelet des temps futurs. Quelque Delacroix, un jour ou l'autre, l'illustrera.

En ces sombres circonstances, on sait que Zola vit se dresser devant lui le spectre de la mort sanglante.

Epouvanté, chétif, glacé, devant l'aveugle déchaînement de la tempête populaire, il l'entendait grondante devant lui, toute prête à l'engloutir dans son remous tragique.

D'opaques vagues humaines venaient se briser sur sa poitrine avec des chocs sinistres Il distinguait devant lui l'immense houle des faces d'émeute, des visages de fièvre, soulevée, menaçante et terrible dans l'effarant fracas des clameurs meurtrières.

Magnifique cependant, à son poste de combat, pareil à un capitaine sur son bord, le vaillant maître ne tremblait pas, et celui qui dans *Germinal*, dans *La Débâcle* et dans *Lourdes*, avait si richement chanté l'élément populaire, le contemplait encore dans ses heures d'effroi, avec cette ferveur superbe du marin, perdu dans l'ouragan, qui, jusqu'au seuil du naufrage, adore, malgré tout, la mer en fureur et vénère l'immense océan.

Ce fut donc en ces heures sinistres, dont le souvenir hante toujours nos mémoires, que Zola résolut de consacrer les dernières années de sa vie, à une grande œuvre d'enseignement moral, à une œuvre de littérature militante, qui serait le couronnement de sa carrière, le testament de sa pensée.

Il entreprend d'écrire les *Quatre Evangiles*.

Désormais les soucis d'art pur paraissent l'avoir abandonné. Ou, plus exactement, il considère l'art comme un moyen, il lui attribue une importance utilitaire. Il comprend que les artistes ne doivent pas seulement écrire de belles phrases, mais qu'ils doivent inscrire dans le vif de notre chair pensante les préceptes impérieux de la justice et de la beauté ; qu'ils ne doivent pas dresser seulement des statues — impeccables dans l'air lumineux, mais qu'ils doivent aussi façonner des cerveaux harmonieux, sculpter des citoyens et sculpter des hommes libres.

Et alors, le grand homme n'a plus qu'une ambition, celle d'être entendu de tous. Ses derniers ouvrages constituent presque une Bibliothèque Rose à l'usage des adultes et des humbles. Il recherche « la phrase de cristal, claire, et si simple que les yeux ingénus des

enfants puissent la pénétrer de part à part. »
Il veut l'idée, « si vraie, si nue qu'elle apparaisse transparente elle-même et d'une solidité de diamant dans le cristal de la phrase. »

Désormais, il semblerait qu'il put adopter cette formule de Proud'hon, combattue jadis par lui.

« L'œuvre d'art est une représentation idéaliste de la nature et de nous-mêmes, en vue du perfectionnement physique et moral de l'espèce. ».

*
* *

Fécondité, c'est en effet le perfectionnement physique et moral de la famille. *Travail* c'est l'histoire de la cité *libérée*, *Vérité* c'est l'effort de la nation pour s'affranchir du mensonge, et *Justice*! — *Justice*, ce devait être dans une hypothétique apothéose, la régénération globale et merveilleuse de l'humanité triomphante.

En concevant les *Quatre Évangiles*, Zola entreprenait — je l'ai déjà dit quelque part — il entreprenait quelque chose d'étranger à la pure littérature, mais une prophétie lyrique, une parabole amplifiée jusqu'à la Chanson de Geste, mais de la poésie d'apostolat, un prêche formidable, le grand prêche socialiste proféré pour la première fois par les poumons d'un poète géant !

Mesdames, Messieurs,

«Zola ne fut pas seulement une force isolée qui suit sa propre impulsion. Il fut un véritable faisceau de forces parallèles, réunies et coordonnées dans les limites d'un individu. Des mouvements d'idées comme le scientisme, le positivisme, le socialisme, trouvent en son œuvre leur épanouissement et viennent puiser en lui une vigueur nouvelle.»

Je crois donc que nulle restriction n'est possible à l'égard d'un pareil créateur. Nous ne pouvons que totalement l'accepter ou le rejeter en entier. Il ne peut inspirer que toute la répulsion des uns, que tout l'amour des autres.

Les hommes de mensonge et d'erreur, ceux qui marchent le front tourné vers le passé, qui ajoutent foi aux superstitions métaphysiques, et qui, dans la terreur de voir la lumière et de réaliser la justice, ferment les yeux à la vie et se confinent dans le mirage illusoire des religions, tous ceux-là restent encore terrifiés par son passage. Il a passé sur eux comme le vent du désert.

Mais pour ceux qui croient en la vie et que passionne l'équité, il fut un héros bienfaiteur. Et sa voix aura réveillé nos consciences. Elle aura ébranlé la torpeur des démocraties, en même temps qu'elle aura ranimé l'énergie qui vacillait, des élites dirigeantes.

Son action sur la société et sur l'homme, s'annonce donc comme profonde, et il serait

insensé d'en présager à cette heure les consé-
quences. Nous allons essayer cependant de
déterminer comment cette influence a pu se
faire sentir jusqu'ici dans les manifestations
les plus différentes de l'activité littéraire et
artistique.

J'ai déjà dit qu'il avait été le théoricien et
le porte-parole des peintres impressionnistes.
Et ce fut lui qui encouragea les débuts de cette
école picturale. Ce fut lui qui en hâta l'éclo-
sion. « Ces toiles claires, ces fenêtres ouvertes
de l'impressionnisme, mais je les connais,
pouvait écrire Zola en 1896, ce sont des Manet,
pour lesquels, dans ma jeunesse, je faillis me
faire assommer. Ces études de reflets, ces
chairs où passent des tons verts de feuilles,
ces eaux où dansent toutes les couleurs du
prisme, ce sont des Monet que j'ai défendus
et qui m'ont fait traiter de fou ! Ces décompo-
sitions de lumière, ces horizons où les arbres
deviennent bleus, tandis que le ciel devient
vert, mais je les connais encore, ce sont des
Pissaro, qui m'ont autrefois fermé les journaux, parce que j'osais dire que de tels effets
se rencontrent dans la nature ». Rien de plus
juste. L'impressionnisme et le naturalisme se
confondent, l'Art, coin de la nature vu à travers un tempérament, n'est-ce pas là une formule de peintre ? Et Zola doit avoir sa part
de responsabilité comme sa part d'honneur,
dans la rénovation de la peinture contemporaine.

On a également répété bien souvent que Zola n'était pas un auteur dramatique. Il ne connut pas en effet les gros succès de la rampe, et bien que *Thérèse Raquin* soit un drame d'un tragique très âpre, on ne peut mettre cette œuvre de pair avec les immortels romans du grand écrivain. Mais qui oserait soutenir qu'Émile Zola n'a pas renouvelé l'esthétique théâtrale ? n'a pas introduit dans l'art scénique, un souci de vérité, de pathétique quotidien, inconnu jusqu'alors ? L'effort tout entier du *Théâtre Libre* et de M. Antoine, qui se rattache aux théories de Diderot et de Mercier, est surtout un résultat immédiat de l'action intellectuelle de Zola. Mais l'auteur du *Naturalisme au Théâtre* et de *Nos auteurs Dramatiques*, n'est pas seulement le promoteur du théâtre réaliste. Il est le précurseur du grand drame social. C'est pourquoi, au lendemain de sa mort, un rédacteur du *Vorwaerts* a pu justement écrire que si *Germinal* n'avait pas existé, les *Tisserands* n'auraient pas enrichi d'un chef-d'œuvre la littérature germanique. Et je crois que la France pourrait en dire autant, à propos des *Mauvais Bergers*.

Nous avons montré l'action de Zola dans le roman, en peinture et au théâtre. Poussons plus loin encore nos investigations.

Par un phénomène singulier, Zola qui n'était pas musicien, qui ne nous a pour ainsi dire pas laissé de pages relatives à la musique, a pourtant réussi à provoquer dans cet art un mouvement révolutionnaire. Collaborateur d'Alfred Bruneau, en écrivant pour ce dernier les poèmes de *Messidor* et de l'*Ouragan*, il a relevé ce genre du livret d'Opéra, jusque là si négligé, déchu au point d'être méprisé comme une accessoire de pacotille. Avec lui, les idées du Naturalisme se sont introduites peu à peu dans le drame lyrique. C'est ainsi que Gustave Charpentier, le jeune et puissant compositeur, doit également beaucoup à Zola. Le symphoniste héroïque et moderniste, le musicien social, qui dans *Napoli*, dans la *Vie du Poète* et dans *Louise*, a célébré, peint et chanté les splendeurs et les cris des villes modernes, est animé des mêmes tendances d'art. Il peut légitimement honorer en l'auteur de l'*Assommoir* et de *Paris*, un des fécondateurs de sa riche personnalité.

Pareillement, Zola parut se désintéresser de la poésie. Je veux dire par là qu'il n'eut nullement recours, pour s'exprimer, à l'art des vers. Toutefois, il s'était composé de la poésie, une conception très curieuse, très belle, très large. Et ces lignes qui datent de 1880 seront une preuve suffisante de ce que j'avance :

« Un poète naîtra, lisons-nous, dans les *Documents littéraires*. Un poète naîtra qui dégagera du milieu contemporain, une formule poétique d'une grande largeur. Une blanchisseuse se rendant au lavoir ; un jardin public rempli de promeneurs, une forge retentissant du bruit des marteaux ; un départ en

chemin de fer, un marché avec la vie grouillante
des vendeuses, tout ce qui vit, tout ce qui
nous entoure, peut être porté, dans les vers à
y prendre un charme très grand. Le poète de
demain sera profondément moderne, il appor-
tera la note naturaliste dans toute son inten-
sité. Il exprimera notre langue, grâce à une
langue nouvelle qu'il créera. »

N'est-il pas singulier de lire ces phrases
qui semblent annoncer plus de vingt ans auparavant, les aspirations actuelles des poètes
du Naturisme (1), et qui semblent d'autre part
s'appliquer si bien au génie de cet admirable
Verhaeren, réaliste et visionnaire, l'auteur
des *Villes tentaculaires* et des *Forces tu-
multueuses*.

Enfin, quand nous aurons encore mentionné
l'œuvre de Constantin Meunier, le statuaire
héroïque du travail, d'Alexandre Charpentier,
et de toute la jeune sculpture contemporaine,
nous aurons suffisamment démontré qu'il
n'existe point aujourd'hui une seule branche
de l'art qui n'ait été renouvelée et vivifiée, par
la sève abondante et fertilisante du naturalisme, sous l'impulsion d'Emile Zola.

-----

(1) Dans le manifeste naturiste du *Figaro*, paru
en 1897, et qui fut le signal de la réaction contre le
symbolisme, M. Saint-Georges de Bouhélier rendait
à Emile Zola le juste hommage d'un poète.

Mesdames, Messieurs,

Il nous resterait encore à étudier l'héritage de Zola au double point de vue moral et social. Mais cela nous entraînerait peut-être bien loin, et cela prolongerait outre mesure cette causerie. Peut-être serait-il préférable d'insister surtout sur l'esprit religieux qui se dégage de son œuvre. Celui qui combattit si fort le romantisme, fut le plus implacable ennemi des fantômes liturgiques et du sentiment chrétien. Car cet esprit de vérité ne pouvait pas se satisfaire davantage des chimères religieuses que des héros romanesques. Il était logique que cette nature païenne se révoltât contre une asphyxiante morale, qui divinise la stérilité, qui ne voit dans l'existence qu'une expiation, et qui fait de l'ignorance une vertu. Et c'est pourquoi, il aura ébranlé si profondément les assises de l'Eglise. Devant la religion de la mort, il aura dressé la religion de la vie !

En vérité, il nous est impossible, à nous contemporains de déterminer encore et de supputer l'étendue de cette influence. Là encore nous devons nous contenter des seuls résultats acquis jusqu'à ce jour.

Songeons et méditons que si Zola n'avait point parlé, nous rougirions, à cette heure d'être français. Nous gémirions sous la tyrannie la plus ignomineuse, celle du moine et celle du reître, celle de la Croix et celle du Sabre.

Et voici que la mort, une mort stupide et sournoise, est venue frapper le grand homme en pleine santé, en plein travail, en pleine vigueur.

Ce vaillant, ce héros, ce créateur a été touché en plein combat. Et sa dépouille maintenant repose tout près d'ici, dans ce cimetière Montmartre, sous un monceau de fleurs, parmi les anémones, les chrysanthèmes et les roses qui se flétrissent et grelottent à la bise glaciale de novembre, agitant désespérément les petites clochettes toutes muettes des rouges églantines.

Mais Zola n'est pas mort, Messieurs. Sa pensée vit et nous sentons au milieu de nous sa présence réelle. La volonté qui soutenait ce héros n'a pu disparaître sous le coup d'un accident si vulgaire. Mais il semble au contraire qu'elle se soit éparpillée et qu'elle revive en chacun de nous tous.

Sa pensée vit, et je vois son influence s'étendre pareille à un grand fleuve qui élargit à travers les siècles, les angles immenses de son estuaire. Et ce fleuve devient si vaste, et cet estuaire si incommensurablement large, qu'il semble se confondre enfin avec le flot, le flot vivant et immortel de l'élément humain !

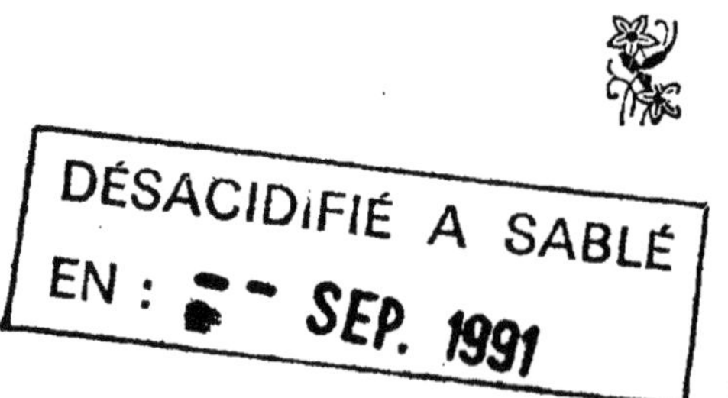

Saint-Amand (Cher) — Imp. Em. PIVOTEAU & Fils